(1)

ROBERT-LE-DIABLE
OU
LE CRIMINEL REPENTANT,

PANTOMIME

En trois actes et à grand spectacle

PAR M. FRANCONI jeune,

Mise en scène par lui-même,

Musique par M. DAUSSY;

Tournois et Carrousel, par M. FRANCONI aîné;

Divertissemens par M. JACQUINET;

Décors par M. GUÉ; Costumes par M. POT;

Représentée, pour la première fois, sur le théâtre du Cirque Olympique de MM. Franconi fils, le 23 novembre 1815.

PARIS,
Chez BARBA, Libraire, Palais-Royal, derrière le Théâtre Français, n°. 51.

De l'Imprimerie de HOCQUET, rue du Faubourg Montmartre, n°. 4.

1818.

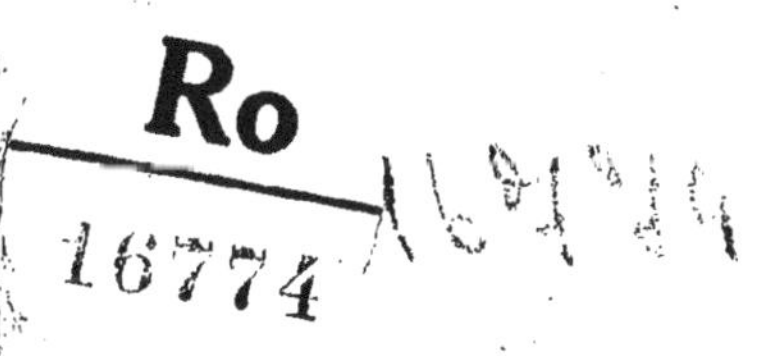

AVANT-PROPOS.

Il ne faut pas confondre Robert, le héros de cette pantomime, avec Robert, duc de Normandie, qui vint au secours de Henri II, roi de France, contre les armées que Constance, sa mère, avait soulevées, pour le détrôner et mettre à sa place Robert, son cadet.

Vers l'an 830, il existait à Rouen, un duc de Normandie, nommé Hubert vaillant, courageux, et dont les hauts-faits d'armes se trouvent consignés dans les anciennes chroniques. Il épousa la fille d'un duc de Bourgogne. Au bout de dix-sept ans, il naquit de ce mariage, un fils qui fut nommé Robert. On rapporte que dans les premiers jours de sa grossesse, la Duchesse, de mauvaise humeur, en raison des souffrances qu'elle éprouvait, dit qu'*elle donnait au diable l'enfant qu'elle portait.*

En effet, soit punition du ciel, au dire des vieux chroniqueurs, soit toute autre cause naturelle, il était d'une structure extraordinaire. A mesure qu'il croissait en âge, il développait le caractère le plus atroce. Les enfans en avaient peur et criaient : *sauvons-nous, voilà le diable*. De-là, le surnom de *diable* qui lui est resté. A douze ans, il battit son instituteur ; à quinze, il massacra plusieurs moines et égorgeat plusieurs chevaliers dans un monastère. Son père le chassa de la cour.

Alors, il se livra à toute la férocité de son

âme sanguinaire. Il brûla les monastères, égorgea, dans un bois, sept hermites, creva les yeux à l'envoyé de son père : il finit par s'associer avec une troupe de bandits, dont il fut élu le chef et avec lesquels il commit mille horreurs.

Un jour, dans ses courses vagabondes, Bobert rencontra la duchesse sa mère. Sa présence lui fit une impression si forte, que, vaincu par ses larmes et ses prières, il promit de se convertir et de faire pénitence.

De retour auprès de ses compagnons de débauche, il leur fit part de son projet et les exhorta à rentrer comme lui dans le chemin de la vertu. Mais indigné de leurs réponses infâmes, il entra dans une colère effroyable, prit une énorme massue et les assomma tous. Ensuite il quitta cet horrible repaire après y avoir mis le feu, et se dirigea vers Rome pour y consommer sa pénitence.

Ici l'auteur a commencé son action; il a cru nécessaire de donner ces détails pour mettre les spectateurs à portée de reconnaître la vérité des tableaux qui sont présentés au premier acte.

Dans la suite de l'ouvrage, il a tâché de conserver, le plus possible, tout ce qui a trait au reste de la vie de Robert, en retranchant toutefois les situations peu intéressantes, et tout ce qu'il eût été inconvenant de produire en scene.

PERSONNAGES.	ACTEURS.
L'Empereur de Rome . . .	M. *Bunel.*
ELMGARDE, sa fille . . .	Mad. *Franconi.*
ROBERT-LE-DIABLE. . .	M. *Franconi* jeune.
Le Sénéchal ALBÉRIC. . .	M. *Franconi* aîné.
Le Sir LÉONEL, son cousin.	M. *Bassin.*
LENTRUHT, capitaine des gardes d'Albéric	M. *Ferrin.*
THEOBALD, } Lieutenans d'Albéric.	MM. *Lebreton.*
ULRIC, }	*Amable.*
Officiers de l'Empereur	MM. *Victor.*
	Lespérance.
	Massen.
Trois Brigands.	MM. *Vincent.*
	Périn.
	Lefèvre.
Un Geolier	M. *Ahn* père.
Un Pêcheur niais	M. *Chap.*
Un Ange parlant. . , . . .	Mlle. *Tigée.*

Troupe d'esprits célestes.
Troupe de démons.
Chevaliers, dansans et combattans.
Dames de la cour, dansant.
Sarrazins du parti d'Albéric.
Guerriers et soldats de l'empereur.

L'action se passe vers le milieu du VIIIe siècle, sous le règne de Pépin-le-Bref.

ROBERT-LE-DIABLE

OU

LE CRIMINEL REPENTANT,

Pantomime en trois actes.

ACTE PREMIER.

Le théâtre représente une épaisse forêt. Dans le fond, à droite du spectateur, l'entrée d'une caverne, que Robert habite depuis qu'il a commencé sa pénitence. Une masse énorme de rochers s'élève au-dessus; une petite croix est placée sur le haut de la caverne.

SCENE PREMIERE.

Robert, revêtu d'une robe d'ermite, sort de la caverne qui lui sert d'asile. Son air affligé annonce la douleur dont son âme est pénétrée. Il gravit les rochers, et va se jeter au pied de la croix qui domine sa caverne. Là il invoque la miséricorde céleste. Mais sa prière semble repoussée. La croix devient en feu, il descend épouvanté, tombe sur une pierre; et, bientôt succombant sous le poids de ses peines, il s'endort. Mais un songe pénible vient le tourmenter:

SCENE II

SONGE.

Une voix effrayante prononce ces mots :

Robert, les enfers te réclament !

Un orage terrible s'annonce. Le tonnerre gronde avec fracas. La forêt se remplit de vapeurs noires. Satan s'élance du haut des rochers. La terre s'entr'ouvre et vomit du fond de ses abimes une foule de démons. Satan s'approche de Robert, fait un rire affreux, et craignant que celui qu'il regarde déjà comme sa victime, ne lui échappe par son repentir, il ordonne aux démons de le tourmenter. Les démons s'emparent de Robert. Ils sont prêts à le déchirer par morceaux. Mais Satan qui sait que plus l'aiguillon du remords s'enfoncera dans son cœur, plus ses tourments seront affreux, fait dérouler successivement devant lui le tableau de ses premiers crimes. A cette vue, Robert tombe dans un accablement semblable à la mort : Satan fait un signal : une colonne sort de terre : On y lit ces mots :

Crime, punition.

Les démons saisissent Robert par les cheveux, et sont prêts à le précipiter dans l'abîme.

Une musique douce se fait entendre ; les démons étonnés, lâchent prise et écoutent.

Le tonnerre éclate, et force les démons à rentrer dans leur ténébreuse demeure. Satan fait d'inutiles efforts pour ressaisir sa proie ; il est lui-même repoussé par une force supérieure.

Les vapeurs noires se dissipent et font place à de légers nuages, sur lesquels sont groupés des esprits bienheureux. Un ange consolateur s'approche de Robert et lui adresse ces mots :

« Robert, le ciel dont tu as, par tes crimes, » irrité la colère, veut bien adoucir tes souf- » frances. Continue à marcher dans le sentier de la vertu. Que ton repentir soit sincère : à ce prix seul, tu pourras obtenir ton pardon.

La troupe des esprits célestes enchaîne Robert avec des fleurs, et se retire en exécutant des danses légères.

Bientôt les nuages couvrent peu-à peu les objets qui perdent leurs formes et s'évanouissent entièrement.

Fin du songe.

SCENE III.

Robert se réveille. Le songe se retrace à sa pensée : il est effrayé en se rappelant les tourmens que méritent ses crimes ; mais il espère les expier par son repentir. Dans ce flux et reflux de réflexions douloureuses, il regagne lentement sa caverne.

SCENE IV.

Plusieurs brigands descendent du haut des rochers : ils cherchent à surprendre quelque voyageur égaré.

Un bruit lointain se fait entendre. Ils écoutent attentivement ; et croyant apercevoir quelqu'un qui s'avance de leur côté, ils se mettent en embuscade.

SCENE V.

Léonel, cousin du Sénéchal Albéric, s'est égaré à la chasse. Il arrive harassé de fatigue Il aperçoit un banc de pierre, s'en approche et s'assied. Il entend du bruit à ses côtés: il tire son épée; mais il est tout-à-coup assailli par les brigands: il veut se défendre, il est désarmé, et est prêt à périr, lorsque Robert, attiré par les cliquetis des armes, sort de la caverne. Il voit le danger du chevalier: prendre son épée, qu'il a désormais consacrée à sauver les malheureux, et qui est suspendue à l'entrée de la grotte; se précipiter sur les brigands, les mettre en fuite, est pour lui l'affaire d'un moment.

SCENE VI.

Léonel, pénétré de la plus vive reconnaissance, prend la main de Robert, et lui dit: « Brave inconnu, je te dois la vie! Que puis-je » faire pour reconnaître un tel service?.. Parle. »

Robert refuse, mais d'un geste seulement.

(*Il lui était défendu de parler pendant le cours de sa pénitence.* Historique.)

Léonel continue: « Eh bien! si jamais je trouve » l'occasion de m'acquitter envers toi, tu peux » compter sur le cœur et le bras de Léonel, cou- » sin du sénéchal Albéric. Il sort en admirant le désintéressement du courageux ermite. Robert se jette à genoux, et remercie le ciel de lui avoir fourni l'occasion de faire une bonne action.

SCENE VII.

Les sons du cor annoncent l'approche d'une chasse.

Robert va pour entrer dans sa grotte, mais il aperçait une femme à cheval poursuivie par un lion. A cette vue, il reprend ses armes, et vole à son secours.

SCENE VIII.

Une foule de piqueurs arrivent : mais ils ont perdu les traces du lion qui s'est acharné après la princesse. Ils sont au désespoir.

SCENE IX.

Le Sénéchal Alberic qui a vu de loin le danger de la fille de l'Empereur, accourt au grand galop. Il demande la route qu'elle a pu suivre. Les chasseurs l'ignorent.

SCENE X.

L'Empereur et sa suite surviennent. On lui apprend le danger qui menace la princesse. Il ordonne que tout le monde vole à son secours, mais au moment où tous les chasseurs vont se lancer.

SCENE XI

Elmgarde accourt. L'Empereur la reçoit dans ses bras et la presse sur son cœur. Il lui demande par quel miracle elle a pu échapper au lion.

SCÈNE XII.

Robert paraît aussitôt avec la tête du monstre à la main.

Tout le monde s'étonne et ne peut s'empêcher de regarder avec admiration le brave hermite qui s'avance d'un pas modeste. Léonel a bientôt reconnu celui qui lui a sauvé la vie : il en donne particulièrement des marques d'une joie sincère.

Elmgarde raconte alors le danger quelle a couru, l'intrépidité de l'Hermite qui l'a sauvée d'une mort cruelle et presque inévitable.

L'Empereur adresse les paroles les plus obligeantes à Robert, qui, après l'avoir salué profondément, veut se retirer. Mais l'Empereur l'arrête et lui présente une chaîne d'or comme un gage de sa reconnaissance. Robert la refuse avec tout le respect qu'il doit au Souverain.

L'Empereur, tout en admirant son désintéressement, engage Elmgarde à faire elle-même une nouvelle offre à Robert. La princesse tire un anneau de son doigt, et semble dire, j'espère que mon libérateur ne me refusera pas. Robert s'incline, prend l'anneau, et baisse respectueusement la main d'Elmgarde, qui le regarde avec le plus vif intérêt. Témoin de cette action, le sénéchal Albéric laisse éclater des signes de mécontentement et de dépit.

L'Empereur donne ordre que tout le monde se remette en marche, et invite Robert à le suivre au palais : mais celui-ci s'excuse ; il ne peut quitter son humble retraite.

L'Empereur lui renouvelle ses remerciemens, et la Princesse le regardant encore avec un intérêt plus marqué, suit son père qui lui présente la main.

Mais le Sénéchal et son lieutenant Leutreht s'arrêtent un moment devant Robert, l'examinent avec une curiosité maligne, et s'éloignent en jettant sur lui des regards hautains et presque menaçans. Robert ne s'émeut point, et a l'air de ne pas y faire la moindre attention.

Quant au généreux Léonel, il vole à son ami, prend affectueusement sa main, lui dit qu'il n'a rien à craindre, et lui fait les adieux les plus tendres.

SCENE XIII.

Robert, resté seul, tombe dans une profonde rêverie. L'image d'Elmgarde se retrace à sa pensée; il presse de ses lèvres le précieux anneau qu'il a reçu d'elle. Un sentiment, jusqu'alors inconnu pour lui, s'élève dans son âme. Il ne sent que trop qu'il aime. Mais, tout-à-coup revenant à lui, il regarde ses habits d'ermite, se rappelle ses crimes, se livre au plus affreux désespoir, et tombe anéanti sur le banc de pierre.

SCENE XIV.

Tout-à-coup un nuage s'abaisse jusqu'aux pieds du chevalier, qui sort de son accablement et se prosterne.

L'ange consolateur lui adresse de nouveau ces paroles :

« Robert, ton repentir a désarmé la colère
» céleste; tes crimes sont expiés. Reprends tes
» armes. L'empereur de Rome, dont tu viens
» de sauver la fille, a fait proclamer un tournoi,

» ou les chevaliers les plus braves sont appelés.
» La main de la belle Elmgarde doit en être le
» prix : tâche de la mériter par ta vaillance. Va
» combattre les nombreux rivaux qui se présen-
» teront pour te disputer la victoire. ESPOIR et
» COURAGE. »

Tout-à-coup la robe d'ermite, dont Robert est enveloppé, disparaît : il est en habit de chevalier. Le fond du nuage s'évapore et laisse à sa place un cheval blanc superbement harnaché, monté sur un piédestal, et attaché à un trophée d'armes brillantes.

Les esprits bienheureux se montrent de nouveau sur leurs nuages radieux.

Robert tombe à genoux, lève les mains au ciel; et après avoir remercié la divinité, il prend l'écharpe et les armes qui sont sur le trophée, monte sur le coursier et part. Un ange plane sur sa tête, tandis que la troupe céleste, en étendant des palmes, semble lui indiquer la route qu'il doit prendre.

Tableau.

FIN DU PREMIER ACTE.

ACTE II.

SCÈNE PREMIÈRE.

Le théâtre représente un jardin magnifique ; à gauche du spectateur, un trône richement décoré.

Elmgarde entre seule ; sa démarche, son air, peignent la mélancolie. Le souvenir de son libérateur occupe sa pensée ; elle exprime le tendre sentiment qui l'entraîne vers le brave inconnu.

SCENE II.

Le sénéchal Albéric la surprend au milieu de ses réflexions ; il lui déclare l'amour qu'il ressent pour elle. Elmgarde lui dit que sa main n'appartiendra qu'au vainqueur dans le tournoi qui a été proclamé.

SCENE III.

En ce moment, Lentrecht arrive, portant une bannière sur laquelle on lit.

TOURNOI, CARROUSEL.
LE VAINQUEUR OBTIENDRA LA MAIN
DE LA BELLE ELMGARDE.

SCENE IV.

Le Sénéchal, comptant sur sa force, s'énivre de l'espoir de la posséder ; il ose même s'en flatter devant Elmgarde, qui sort en lui jetant un regard dédaigneux. Albéric, qui croit son succès assuré, la suit pour se préparer au tournoi.

SCENE V.

Une musique guerrière se fait entendre. Un cortége nombreux défile : les juges du camp et les hérauts d'armes le précèdent

L'empereur et sa fille viennent ensuite. Ils sont accompagnés d'une foule de dames et de chevaliers à pied et à cheval. Parmi ces derniers on distingue le sénéchal Albéric.

L'empereur et sa fille montent sur le trône.

L'empereur ordonne aux juges du camp de faire commencer la fête.

SCENE VI.

Au même instant on entend du bruit. Les hérauts d'armes sortent, et reviennent de suite annoncer qu'un chevalier inconnu demande à être introduit. L'empereur dit qu'il peut paraître.

SCENE VII.

L'inconnu entre, monté sur un superbe coursier et revêtu d'armes étincelantes. Sa visière est baissée. Sur son écu on lit ces mots : ESPOIR, COURAGE. Tout le monde admire la noblesse de son maintien.

Il salue avec grâce l'empereur, Elmgarde et toute la cour, et sollicite la faveur de prendre part aux joutes et aux jeux.

L'empereur lui dit de se faire connaître. Le chevalier demande la permission de rester inconnu ; l'empereur la lui accorde. Une fanfare brillante donne le signal. La barrière s'ouvre; les concurrens descendent dans l'arêne, pendant qu'on prépare une superbe estrade, sur laquelle montent l'empereur et sa fille. Les dames et les chevaliers prennent place autour d'eux. Les héraults d'armes se rangent de chaque côté du trône : l'un porte un grand livre doré, sur lequel doivent s'inscrire le nom des vainqueurs dans les différens jeux, et l'autre une couronne.

ORDRE DES JOUTES.

1°. Courses des bagues.

2°. Courses des têtes, à la Mauresque.

3°. Tire des dards au but.

4°. La double lance des dames.

5°. Enlèvement de têtes à la pointe de l'épée en franchissant la barrière.

6°. Grande contredanse par huit chevaux montés de leurs cavaliers.

Nota. A chaque course, les juges du camp indiquent le chevalier vainqueur aux héraults d'armes, qui inscrivent son nom sur le livre doré.

Plusieurs chevaliers sont vainqueurs dans différentes courses. Albéric se fait remarquer avec avantage; mais le chevalier inconnu l'emporte sur tous par sa grâce, sa force et son adresse. Toute la cour a les yeux fixés sur lui. Elmgarde, surtout, suit toutes ses actions avec un intérêt qu'elle ne peut déguiser.

Après la contredanse, tous les cavaliers remontent et se placent en face du trône. L'inconnu et le Sénéchal sont à leur tête.

Les juges du camp consultent le livre où les noms ont été inscrits.

Elmgarde, pendant ce tems, éprouve une émotion visible; mais une joie douce et pure succède à son inquiétude, lorsque les suffrages des juges se réunissent en faveur du chevalier inconnu, et l'invitent à venir recevoir la couronne.

Albéric, furieux de voir que la main d'Elmgarde est perdue pour lui, s'approche brusquement du chevalier, et exige qu'il lève la visière de son casque. L'inconnu refuse. Albéric le menace insolemment. Les deux rivaux sont prêts à en venir aux mains. Toute la cour est indignée de la conduite du Sénéchal,

L'Empereur descend de son trône, et interpose son autorité.

Alors Alberic ne gardant plus de mesures, jette son gand aux pieds de l'inconnu, et le défie au combat à outrance.

Celui-ci, sans s'émouvoir, demande à l'empereur la permission de le ramasser. L'empereur le lui permet.

Le gant est relevé. Les deux rivaux saluent toute la cour, et vont prendre leurs armes.

La douleur d'Elmgarde est à son comble. Mais l'inconnu, avant de s'éloigner, la regarde, porte la main sur son cœur, et semble lui dire qu'il emporte la certitude de terrasser son odieux rival.

Cette noble assurance adoucit un peu les tourmens de la sensible Elmgarde.

Cependant toute la cour se place pour être

témoin de ce nouveau combat. Chacun forme en secret des vœux pour le brave inconnu.

Bientôt la trompette sonne. Les deux champions, couverts de leurs armes et montés sur des coursiers bardés de fer, se présentent dans la lice.

Un combat furieux s'engage. Le Sénéchal, guidé par une rage qu'il ne peut dissimuler, porte à son adversaire des coups terribles et multipliés. Celui-ci, plus calme, oppose une vigoureuse resistance. Bientôt leurs lances volent en éclats; ils tirent leurs épées. La lutte devient plus terrible; le feu jaillit de leurs armes. Enfin, malgré tous ses efforts, le Sénéchal est renversé. L'inconnu, aussi généreux que brave, lui tend la main, et l'aide à se relever. Ensuite il s'approche du trône pour recevoir la couronne des mains d'Elmgarde. Mais au même instant le déloyal Albéric prend son épée à deux mains, et en décharge un si furieux coup sur le casque du chevalier, qu'il le brise en morceaux.

Elmgarde reconnaît Robert et jette un cri. L'indignation se peint dans tous les regards.

Le Sénéchal, voyant la tête de son adversaire désarmée, s'apprête à lui porter un second coup; mais Robert se précipite sur lui, le saisit d'un bras vigoureux et lui fait crier merci. Tous les chevaliers veulent punir la déloyauté d'Albéric; mais l'Empereur rétablit le calme et ordonné au Sénéchal de fuir loin de sa présence. Celui-ci sort en jurant de se venger.

Robert s'avance avec respect vers le trône et se met aux genoux d'Elmgarde, qui lui donne le prix.

L'Empereur, qui a reconnu dans Robert, l'ermite qui a sauvé la vie à sa fille, lui prend la main et l'unit à celle d'Elmgarde.

Tableau.

FIN DU DEUXIÈME ET DERNIER ACTE.

www.ingramcontent.com/pod-product-compliance
Ingram Content Group UK Ltd.
Pitfield, Milton Keynes, MK11 3LW, UK
UKHW020413250726
13967UKWH00006B/2617